白话词韵写春秋

刘迎秋 著

经济管理出版社

ECONOMY & MANAGEMENT PUBLISHING HOUSE

图书在版编目（CIP）数据

白话词韵写春秋/刘迎秋著.—北京：经济管理出版社，2020.9

ISBN 978 - 7 - 5096 - 7395 - 9

Ⅰ.①白…　　Ⅱ.①刘…　　Ⅲ.①诗词—作品集—中国—当代

Ⅳ.①I227

中国版本图书馆 CIP 数据核字（2020）第 152001 号

组稿编辑：梁植睿
责任编辑：陈　力　梁植睿
责任印制：任爱清
责任校对：王淑卿

出版发行：经济管理出版社
　　　　　（北京市海淀区北蜂窝 8 号中雅大厦 A 座 11 层　100038）

网　　　址：www.E-mp.com.cn
电　　　话：(010) 51915602
印　　　刷：北京玺诚印务有限公司
经　　　销：新华书店
开　　　本：880mm×1230mm/32
印　　　张：5.25
字　　　数：123 千字
版　　　次：2020 年 9 月第 1 版　　2020 年 9 月第 1 次印刷
书　　　号：ISBN 978 - 7 - 5096 - 7395 - 9
定　　　价：69.00 元

前　言

　　《尚书·尧典》曾有"诗言志、歌咏言、声依咏、律和声"之说，后《庄子·天下》又有"诗以道志"之论，后人也有所谓"诗言志"而"词言情""诗庄词媚"之说。但是，这一切，对于我这样一个学识原本粗浅、自小又未受过系统平仄韵律教育与训练的当代经济学人来说，既对诗和词缺少足够深入的了解和理解，也不可能做出确切的"诗庄词媚"之类的区分，有的只是虽爱唐诗却更恋宋词，尤其钦佩和愿从苏轼、辛弃疾等豪放派词人在平仄、对仗、选词、用句上所表现出来的开朗、豁达及其忧民惜土的爱国之情。而今，虽自愧难以望其项背，却总存试图"效仿进取"之想。

　　"效仿进取"之想，很早就已经形成，并且

也确曾面对自己双手开垦的大片黑土地发出过"诗"的感慨和"词"的韵律，但是，终因主客观条件限制，这一切，包括曾经收藏的一件陪伴我从北京支边到黑龙江、内里湛蓝外表却已完全灰白的学生装，都无一例外地被彻底丢失了……

后来，虽然上了大学，又读了研究生，也确有较多时间看书、写字、著文章了，但为了"与时间赛跑"以无愧于我所憧憬的"经济学人"这个纯洁而高雅的称号，当时的整个生活还是远离了打心底里喜欢的诗与词。

现在编纂成册的这本"白话词韵"集，能够收集到的旧作、原稿很少，其中大多是退休后特别是近几年，因闲情逸致倍增、写情表意填词用句热情大涨而写下的一些随笔草记和歪词拙作。为了便于辨认和对比拙作的成文及其记录的"生"与"存"、负载的"志"与"情"，在编目上着意采用了按作品成稿时间从近到远倒排序列的方式。

　　在这本"白话词韵"小册子付梓之前，曾先后两次由北方大学联盟副总裁杨炜苗博士协助编辑排版、装帧印制成漂亮的小册子，在朋友与同仁内部传阅、征求意见。在反复斟酌、修改提高和大家的鼓励下，我开始考虑将其正式出版。经济管理出版社杨世伟社长兼总编辑对这本小册子的正式出版给予了充分肯定和大力支持，陈力副社长更是鼎力相助，力推出版，还特别选派了富有经验的责任编辑梁植睿和美术编辑宋微微等直接参与本书的编辑出版工作。正是通过他们认真负责的编辑、核校、美术设计与装帧，才使这本小册子以如此高的质量和漂亮的形式如期出版问世。在此，我要一并向他们表示衷心的感谢！

　　另外，需要说明的一点是，这本小册子是我的业余爱好之作，从一定意义上说，它甚至仅仅是一摞"勉强堆砌而成"的白话沽名、业余草作。因此，其中难免大量有违诗与词之"章""法""韵""律"的弊端甚至差误。现在将其出版，既可作为本人所见所闻、所思所想与词韵结合的一种历史存念与文字印记，也可借此让学界同仁特别是词与诗的行家高手给予更多更专业、更高雅的品评与指教。

刘迎秋

2020 年 7 月 15 日于北京小倦游斋

目　　录

1

踏莎行·抗疫复工赞

（2020 年 3 月 31 日　写在抗击新冠肺炎疫情初战胜利全国上下努力复工复产之际）

陌上初熏，

幽花怯露，

无垠大地重生绿。

抗疫今借东风回，

复工劲解新冠误。

医护丹心，

除魔救助，

出生入死全不顾。

举国上下赋经纶，

壮心英胆同天路。

蝶恋花·波士顿之旅

（2020 年 2 月 19 日　赴美寻医恰逢雨水小记）

穿越大洋超万里，
飞落波城，
乐享春天旅。
入住民宅多暖意，
凭栏尽揽园林绿。

空气清新环境寂，
老叟童颠，
几悟他乡趣。
苦乐忙闲皆有序，
笑谈尽伴开心曲。

鹧鸪天·落日斜欹富士山

（2020年1月13日　日本富士山览胜小记）

落日斜欹富士山，

雪白若絮绕峰巅。

登高远眺观仙境，

满目松樱胜九玄。

山脚绿，

伴捼蓝，

嫣红姹紫竞非凡。

纵观世界奇观处，

最美应含富士山。

七绝·菡萏香飘

（2019年11月20日　在海宁朗豪酒店0913室眺望窗外小记）

菡萏香飘翠叶宽，

烟波縠皱映中天。

娓娓玉曲从天降，

犹若天骄弄玉盘。

菩萨蛮·祛病回春

（2019年11月1日）

（2019年10月24日在北京医院做手术，28日，
即进食次日，站在D07－11病房窗前，眺望室外，
感慨万分，遂填词小记）

亥猪九月丹枫季，

北风萧瑟轻烟起。

入院D七楼，

寻医解心愁。

亚群①精心治，

祛病求真是。

妙手再回春，

康复渐有神。

———————————

① 指笔者的主治主任医师张亚群博士。

七律·伫望东方又露白

（2019 年 10 月 30 日　凌晨站在北京医院
住院部 D07 东楼道窗前眺望东方随笔）

伫望东方又露白，

层楼叠嶂绕轻埃。

街灯闪烁行将去，

万象翻新透未来。

除祛病魔凭毅志，

犹持金戟战仙台。

乐闻琼宇添新甲，

更恋斜阳可释怀。

鹧鸪天·黄河金埠

(2019年9月17～20日　出席民建中央、国家工业和信息化部、甘肃省人民政府在兰州共同主办的"2019′中国（甘肃）非公经济发展论坛"小记)

黄河金埠兰州城，

群山环抱水穿行。

市民欢笑河①边聚，

万户千家乐更融。

浸沙水，

恋涛声，

湍湍流逝曲向东。

天呈母乳中华愿，

深嵌东西皋郡情。

———————

① 指穿城而过的黄河。

千秋岁·大师魏埙百年祭

(2019 年 9 月 15 日 为纪念恩师魏埙教授诞辰百年存笔)

大师①仙去,

驾鹤蓬莱汇。

多眷念,

常无寐。

当年②无夜昼,

亲带新一辈。

读原著,

近接地气追真味。

领解先贤典,

逐句揭其魅。

---

① 指魏埙教授(1919 年 2 月—2004 年 8 月)。他曾长期担任南开大学经济系主任,是我国著名《资本论》、政治经济学、西方经济学研究和教育专家、大师。1978 年 9 月至 1979 年 7 月笔者曾追随先生精读《资本论》,后又在入读南开教育部助教进修班和攻读硕士、博士研究生期间深得恩师指教。

② 指 1978 年秋至 1979 年夏笔者跟随魏埙先生夜读《资本论》。

真师表，
德尤粹。
言传笔墨染，
尽透恩师惠。
忆旧事，
痛思恋想心滴泪。

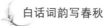

虞美人·尼亚加拉大瀑布

（2019 年 8 月 18～20 日　第二次到尼亚加拉大瀑布游览后记）

水出高岸雷公吼，

烟雾通天秀。

瀑布尼亚加拉城，

千米水帘垂泻万年倾。

八方看客心神往，

聚首船头望。

彩虹锦绣挂当空，

雀跃欢欣犹坠梦幻中。

10

念奴娇·玛雅追迹

（2019 年 8 月 8 ~ 17 日　为寻迹玛雅文明，先到坎昆
后进墨西哥城郊参观金字塔遗迹，依所见所闻琐记）

玛雅追迹，

跨万里、游走莽莽林地。

断壁城郭，

金字塔、留却全非旧意①。

为祭天神，

头颅滚地，竟俊杰门第。

祈天求雨，

幻乘羽蛇②神力。

五忌平闰期年③，

二十天满月，偏差秒记。

---

① 埃及金字塔是法老墓穴，玛雅人的金字塔却是为祭天、求神与
庆典而建。

② 玛雅人的一种图腾。

③ 玛雅太阳历 20 天为一月，剩余 5 天为禁忌日。其一年长度为
365.242129 天，与当代科学测定的绝对年长 365.242198 误差以秒记。

塔建阶梯①，

逢夏至、正对夕阳平去。

玉黍耕殖，

丛林守兽猎，

千年文蒂。

突绝无迹②，至今难解其密！

---

① 指乌斯马尔"魔法师金字塔"每年夏至日落时塔西面的台阶正好与太阳余晖持平。

② 尽管玛雅文明古老且充满智慧，但后来却在没有任何记载中突然销声匿迹，至今仍是人类求解之谜。

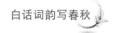

西江月·玛雅之谓文明

（2019 年 8 月 9 日　参观坎昆琴奇依察金字塔随记）

为解心存疑惑，

驱车玛雅城中。

祭天金字塔高耸，

电相声光皆炯。

唯选英杰天祭，

全然不与它同。

因缺聚才俊强翼，

难免"文明"短命。

江城子·晋江经验

（2019年7月13～14日　出席福建晋江
"民营经济创新发展高峰论坛"参与研讨后小记）

踏云直上九重天，

落泉州，

到论坛。

头脑风暴，

共论晋江篇。

民企创新发展路，

专主业，

走高端，

品牌质量置于前。

敢拼搏，

促型转，

扎实诚信铸就市场缘。

服务有为真政府，

老经验，

换新颜。

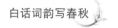

卜算子·晓月挂卢沟

（2019 年 7 月 7 日）

晓月挂卢沟，
月月升桥头。
俯瞰畿辅自古酬，
护守京都口。

朔日夜鸟休，
枪炮突然吼。
事变卢沟乱宛平，
晓月今仍咒。

也山中

（2019 年 6 月 15 日　端午夜读唐代王勃和王维《山中》后，联想端午转瞬又见，国运坎坷，心生感慨，遂小记）

西山沐雨游，
林静鸟未休。
不做过隙客，
登高鬼见愁。

附：

唐·王勃《山中》
长江悲已滞，万里念将归。
况属高风晚，山山黄叶飞。

唐·王维《山中》
荆溪白石出，天寒红叶稀。
山路元无雨，空翠湿人衣。

鹧鸪天·西山远眺

（2019 年 6 月 15 日　闲坐西山小记）

西山远眺静回眸，

东风吹水释心愁。

蒙蒙雨后轻云罩，

斜依亭栏颛意究。

追往事，

多风流，

是非成败各有由。

一生正气凭傲骨，

犹若丹青画九州。

鹧鸪天·七台河赞

（2019 年 6 月 5 日　承担中国科学技术协会委托课题带队
考察七台河市民营经济发展后填写于哈尔滨友谊宫）

七台河立①因煤田，

七台河美映桃山。

七台河困由煤起，

七台河兴待拓源。

调结构，

重挖潜，

高新技术用当先。

民企滂浩开新路，

东北边城一锦幡。

---

① 指七台河建市。

菩萨蛮·桃山湖美

（2019 年 6 月 3 日在七台河市作民营经济发展调研，4 日清晨到桃山湖边散步，观赏青山绿水、花鸟鱼虫和城市繁貌后小记）

桃山湖美三千顷，

苍松植绿敷山岭。

树茂子规啼，

花鲜沾水滴。

市民晨练早，

垂钓心情好。

强市靠民营，

煤城呈碧空。

望江南·贺大志

(2019年4月26日　樊大志博士喜报：近日已离职中国银行，履新中纪委驻证监会纪检组长。听后由衷高兴，遂随笔草填小词以记)

长天阔，
晨语报新声。
门下精英多胜举，
比肩鹰鹤竞谁能。
大志踏新程。

存高远，
克己更奉公。
未忘初心曾忘我，
矜持守正不别情。
赤胆铸蛟龙。

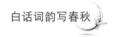

南乡子·谷雨落西安

(2019 年 4 月 20 日中午 12：10 降落西安，应邀出席西安司法局主办、西安市律师协会协办、泰和泰（西安）律师事务所承办的"2019 文化金融法治（西安）高峰论坛"，作"中国经济运行现状及其走势判断的逻辑与方法"报告。下飞机后恰遇天降春雨，被当地老百姓喻为"福水东方来"。高兴之余草填小词，第二天在返京机上修改定稿)

谷雨落西安，

春水绵绵漫渭川。

葱翠充盈花满眼，

开心，

万仞天同日抱山。

云涌入长安，

老话犹新畅论坛。

天下风情千万种，

归根，

大道同心因祛繁。

南乡子·昂首倚衡山

（2019年3月17日　参观衡山小记）

昂首倚衡山，
荡气回肠俯瞰川。
回望民族发展路，
茫茫，
不尽飞云两断山。

酣梦泛波澜，
云涌如潮蔽昊天。
跌宕起伏人世事，
熙熙，
究底全因利在前。

玉楼春·又进衡山南岳庙

（2019 年 3 月 17 日　第二次游览衡山南岳大庙小记）

又进衡山南岳庙，

香火通红烟缭绕。

信徒游客万国人，

古刹千年世代翘。

圣帝祝融神事好，

灵验图腾盘悟道。

当今盛世待鹏抟，

国盛民福鸿运兆。

23

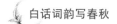

乌夜啼·忠烈祠堂泪

（2019 年 3 月 16 日 再次瞻仰
衡山南岳忠烈祠后省记）

忠烈祠堂泪，
蓬蒿泣、咽声悲。
英魂钩铀扶桑曲，
不语诉人非。

斩寇捐躯泼血，
骨埋疆场还谁？
豪杰一代真彪炳，
万世颂昭垂！

念奴娇·忠烈赞

（2019 年 3 月 16 日　拜谒衡山忠烈祠后记）

忠烈祠苑，

劲松鲜花伴，

英魂重现。

抗日泼血埋忠骨，

将相先魁洪范。

彪炳横疆，

捐躯无憾，

不朽精神璨。

国魂民粹，

后生含泪永念！

己亥元夕

（2019 年 2 月 19 日）

晨起京城雪伴雾，
窜云轻蔓霜小驻；
枝桠挂白鹊栖息，
步缓行慎车恋路。

午后重现日上树，
月圆难得恰十五；
己亥元夕夜骄妒，
幽碧镜墩普天酷。

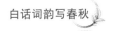

南柯子·春节

(2019年2月6日)

己亥初晨起，

朝鸡胜鸟啼。

乡邻见面互作揖，

传统习俗守道讲规矩。

众盼年年顺，

安康更富余。

勤劳简朴有敦序①，

民富国强惟此道昌衢。

---

① "敦序"，援引自《史记·夏本纪》："敦序九族，众明高翼。"裴骃《史记集解》引郑玄曰："次序九族而亲之。"今本《尚书·虞书·皋陶谟》作"惇叙"，谓使九族亲厚而有序。后谓亲睦和顺。

庆岁除

（次韵陆游《除夜雪》）

（2019 年 2 月 6 日晨记①）

北风犹劲二月初，
阖家欢乐庆岁除。
共饮屠苏诗意举，
喜将旧桃换新符。

附：

宋·陆游《除夜雪》

北风吹雪四更初，
嘉瑞天教及岁除。
半盏屠苏犹未举，
灯前小草写桃符。

---

① 2019 年 2 月 4～5 日即除夕夜和初一早晨以此小诗发给同学和同事作为贺岁词。

诉衷情·除夕

(2019 年 2 月 5 日　己亥年初一夜填写)

年年除夕恋屠苏，

压岁祝万福。

包饺子，

点爆竹，

焰火耀堂屋。

笑语畅，

歌声脆，

伴笛芦。

饕餮飨宴，

金罍觥斛①，

同享抬估。

---

①　金罍和觥斛，均为酒器。

虞美人·三生看海

（2019 年 2 月 1 日　借鉴宋代蒋捷
《听雨》一词所述人生三阶之分法填写）

少年看海珠江口①，

浊浪通天吼。

壮年看海断崖头，

蹙浪潜推、沙坝复平洲。

老来看海回乡后，

万象多重秀。

物华天宝鉴来由，

曲曲直直、我辈为何谋？

---

① 指笔者于 1966 年 9 月跟随老师到广州，站在珠江边，回望正在
涌动的"文化大革命"之惊涛与骇浪。

南乡子·红日耀江山

(2019 年 1 月 18 日　观胞弟占军为红豆
集团所写巨幅《红日耀江山》画作后随笔)

红日耀江山，

滚滚云霞绕岭端。

松柏挺拔因傲骨，

耀庭①，倒映群峰蕴底贤。

天远碧波宽，

泉涌溪奔果满园。

弃教返乡承父业，

海江②，事业辉煌更胜前。

---

①　指周耀庭：红豆集团的创办人、开拓者，红豆集团党委书记、
董事长、总裁周海江博士的父亲。

②　指周海江：笔者所指导的中国社会科学院研究生院经济学博士
毕业研究生，周耀庭之子，红豆集团党委书记、董事长、总裁。

踏莎行·春落城垣

（2019年1月13日 在北京飞往武汉空中联想网络经济与城乡发展交融之景观随笔）

春落城垣，

柳青花艳，

翠连平野宅堂现。

城郭内外律无别，

路接楼宇亭台苑。

市场销繁，

物流竞善，

智能共享人方便。

意随己愿入其间，

盈亏优劣由民断。

江城子·卌年改革创非凡

（2019 年 1 月 11 日　改革开放 40 年已成过去，新的征程正在开启，思绪万千，遂随笔小记）

卌年革改创非凡，
促国强，保民安。
国有民营，
特色道基坚。
虽遇中途拦路虎①，
人未惧，战犹酣。

改革开放拓新篇，
破藩篱，解积难。
转型发展，
理念置足前。
上下同心担道义，
遵铁律，梦终圆。

---

① 指反复出现的"左"的思潮和言论，特别是当时舆论场上出现的"民营经济离场论""私有制速灭论"等。

南乡子·残雪伴行舟①

（2018年12月31日晚　观看央视新闻中
各地欢庆新年场景后有感随笔）

残雪伴行舟，

雾漫蓝波逆水游。

两岸霜白枝上挂，

幽幽，

犬鸟无言静对猴。

回悟过来由，

砥砺前行不转头。

开放改革成是事，

究究，

民本多元本底筹。

---

①　此作公开发表于2019年7月22日《中国社会科学报〈社科院专刊〉》第4版"词韵"专栏。

苏幕遮·永定河荣枯

(2018年12月26日　回忆1966年"文化大革命"前永定河壮观情景后小记)

绿杨高，垂柳翠，
永定河宽，
縠皱烟波美。
曾有闸堤逐浪沸，
百米高台，
滚滚波涛水。

看如今，河涸匮，
山水干枯，
没了天缘配。
昔日荣融当下泪，
生态回恢，
方见当年魅。

浣溪沙·月淡影稀悄寂林

（2018 年 12 月 21 日　夜雾伴阴云，月色暗淡，
街上人薄影稀，遂随笔小记）

月淡影稀悄寂林，

鸡鸟不语荡无人，

悲凉困窘苦含辛。

鸿雁北回期可许，

鲲鹏笑允祛残云，

鸟语花盛待归真。

虞美人·东方未晓凝残月

（2018年12月18日　为庆祝改革开放40周年记）

东方未晓凝残月①，

云重晴犹切。

改革开放踏新程，

制度变革与否道真情。

短期利好镶华表，

但有心烦恼。

若得天下法从一，

旷世鹏程富路定无疑。

---

① "凝残月"借引自张先《千秋岁》。

采桑子·松花江畔天宫梦

（2018年12月13～15日　受中国科学技术协会委托到黑龙江省
作民营经济发展问题调研。室外气温虽已是 −18℃，
但因一直未下大雪，市民未能取冰制作冰灯。看不到
冰灯，深感遗憾，遂在调研工作之余仅凭曾在哈尔滨、
牡丹江等地观赏冰灯印象草记，以飨存念）

松花江畔天宫梦，

楼宇亭篷。

车马人行，

万种风情冰雪中。

戏说玩耍人欢动，

妙语丛生。

豪放多情，

醉舞狂歌东北风。

玉楼春·冰灯盛展松花畔

（2018 年 12 月 13～15 日）

冰灯盛展松花畔，
雪艳冰魂别样现。
晶莹剔透蓄深情，
国北江城添画卷。

精雕细刻形神灿，
沟壑嶙峋灯火艳。
斑斓夜景胜琼园，
犹见冰都超梦幻！

踏莎行·强国梦想需清障

（2018 年 12 月 12 日　观看
电视片《我们一起走来》后小记）

改革开放，

小平开创。

中国从此穷祛让。

产权重组辟新筏，

民营国有相依傍。

极左顽疾，

哀来尘上。

灭私阔论难离场。

富民道路泛沉渣，

强国梦想需清障。

七律·真理考

（2018年12月11日晚　观看北京电视台播出的电视连续剧《大江大河》，剧中主人翁宋运辉姐弟俩以优异成绩高考过线，但受"左"倾错误路线干扰，基层政府仍以他们二人的"反革命"家庭出身而拒其于大学高门之外。在这里，"唯成分论"害民误国，可见一斑。联想到改革开放后几度泛起的形而上学的"唯公有才是论"，不仅误国伤民，而且严重妨碍了民族复兴，不禁伤感落泪，遂提笔小记以释）

男儿有泪不轻弹，

泪眼蒙眬定有缘。

本正刚直承大志，

初心扭却路蹒跚。

出身论是人分等，

所有唯公不计廉。

守旧唯心丢效率，

藩篱不去梦难圆。

渔家傲·荣辱福华天洞晓

（2018 年 12 月 7～8 日　出席 2018 年亚信金融峰会期间，在成都世纪城天堂洲际大酒店填留）

荣辱福华天洞晓，
凭阑骛望生生表。
日起东南乾有道，
星去了，
霞云不比朝鸡早。

起首常思时世道，
蹉跎岁月知多少？
利禄官民多想要，
归了晓，
得失顺遂天成好。

踏莎行·武工院考

（2018年11月26日乘高铁到武汉工程科技学院
以校长身份考察工作，11月29日在京就考察心得小记）

江夏居南，

翠承帷幔。

山水倒影湖光灿。

碧天富地绿生烟①，

丛中卧坐武工院。

敧枕青峦，

俯瞰庭苑。

层林叠嶂高楼绊。

书声朗朗师生情，

莘莘学子成功范！

---

① "绿生烟"，借用元代周权《晚渡·离离野树绿生烟》。

43

浣溪沙·沪上长街

（2018 年 11 月 26 日　早晨站立于上海市静安区广中西路大道上观望来往车马人流后填写）

沪上长街灯未乏，

晨曦初露透轻纱，

车流人涌确为啥？

劳作谋生因铁律，

君臣百姓要依它，

全犹不被可谁家？

一斛珠·赞改革开放①

(2018年11月24日 中国社会科学院民营经济研究中心与新华社《经济参考报》等四家单位联合主办改革开放40年座谈会。与会专家深入讨论40年中国经济成功发展的经验与面临的挑战，感慨良多，会后填词作为留念)

改革开放，

卅年探索多跌宕。

思想解放农先让，

小岗分田，企业分权旺。

体制变革提效率，

扬出拓进推开放。

城乡破界生红利，

梦想成真，更待根基壮。

① 此作公开发表于2018年12月21日《中国社会科学报〈社科院专刊〉》第4版"词韵"专栏。

定风波·闲坐西山

（2018年11月6日下午从沈阳回京后坐看晚霞
小记。同年11月10日在出差的飞机上补充修改，
同年11月18日下午在国二招1501室最后修改定稿）

闲坐西山览落霞，

暮云血色透轻纱。

萧瑟秋风传冷意，

秋去冬来，

盼等秀春芽。

为有太平和盛世，

吾辈奋斗不停伐。

酉见是非非是事，

是是非非，

成败辨玄华①。

① 玄华，黑色与黄色之意。

鹧鸪天·赞烟台产发论坛

（2018年10月30日　下午应邀出席《证券时报》在烟台希尔顿酒店主办的产业发展论坛董事长闭门会议并作主旨演讲后随笔）

碧波荡漾水连天，

居高尽览好河山。

山东半岛烟台市，

产业基金摆论坛。

讨真谛，

解心烦，

领军各把舵轮看。

为迎挑战换头脑，

从此神搭顺水船。

47

水调歌头·登顶九华山

（次韵苏舜钦《水调歌头·潇洒太湖岸》）

（2018年10月30日　回忆当年游九华山琐记）

我乘北风去，
登顶九华山。
举头环顾，
云雾翻滚绕峰间。
佛殿寺庵林立，
僧侣尼姑多见，
菩萨渡慈还。
山涧散村落，
幽谷映河湾。

驻民享，
游人畅，
竞悠闲。

48

月身地藏，
心智德品胜凡颜。
游客禅堂细看，
领悟星星点点，
心雨染巾纶。
醒省当今事，
抵力挽狂澜。

附：

宋·苏舜钦《水调歌头·潇洒太湖岸》

潇洒太湖岸，
淡伫洞庭山。
鱼龙隐处，
烟雾深锁渺弥间。
方念陶朱张翰，
忽有扁舟急桨，
撇浪载鲈还。
落日暴风雨，
归路绕汀湾。

49

丈夫志，
当景盛，
耻疏闲。
壮年何事憔悴？
华发改朱颜。
拟借寒潭垂钓，
又恐鸥鸟相猜，
不肯傍青纶。
刺棹穿芦荻，
无语看波澜。

天仙子·喜得贵孙

（2018 年 10 月 14 日　17：06 收到儿媳
在航天中心医院顺利产下小孙帅帅的喜讯后小记）

十月双周娠顺娩，

儿媳平安孙儿诞。

排行第三俏娇面，

眉色重，眸俊颜，

长大必成一硬汉。

蝶恋花·赞高铁

（2018 年 10 月 10 ~ 12 日　在往返北京—武汉的列车上）

高铁飞驰如电掣，
美景如云，
入眼匆匆过。
工厂社区和村落，
绿林田苑沟连壑。

往返汉京舒且乐，
千里之遥，
半日成门客。
倚阑冥思今盛世，
概源开放和改拓。

52

虞美人·湘乡美

（2018 年 10 月 9 日　驱车去白沟找骨科大夫看病，
见沿路变化联想去湖南郴州考察油菜花海印象后随笔）

湖山信是湘乡美，

山美人尤美。

良田万顷岭连塘，

油菜花鲜稷黍稻粱香。

银花火树笛声粹，

诗酒难不醉。

笑歌欢语万千家，

美味佳肴尽飨乐无涯。

53

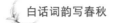

江南柳·西郊外

（2018 年 10 月 8 日　傍晚登西郊鹫峰回望北京之变小记）

西郊外，
云霞染亭台。
花傍翠峦田苑白，
绿装城廓遍华宅，
不禁动情怀。

回过往，
穷困尽徘徊。
守旧专权真祸首，
改革开放路才开，
国泰富邦来。

定风波·别去秋风愿可留

(2018 年 10 月 5 日　小长假抒怀)

别去秋风愿可留，

凭阑听雨乐悠悠。

回望一生求索路，

屯垦求学执教搞研究①。

谋事求真尊本由，

不畏风狂雨暴与洪流。

敢做善为成就事，

坦荡浩然淡定伴行舟。

---

① 此为简单描述笔者一生的全部职业生涯：1968 年 6 月 13 日从北京支边到黑龙江屯垦戍边，后上大学、留校任教，1992 年党的十四大后调任中国社会科学院经济研究所专职搞研究。

忆秦娥·寻乌夜

（2018 年 9 月 23 日　驱车参观古田会议纪念馆，晚上回到寻乌，秋雨夜半浮想随笔）

寻乌夜，

秋风萧瑟催红叶。

催红叶，

情由心恸，

效尤前确。

圩年奋斗鞍不卸，

坎沟谿壑凭君越。

凭君越，

踏石留印，

寄怀殊略。

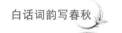

七绝·古田探密

（2018年9月23日）

云雾山中细雨缠，
寻乌借马^①奔古田。
先贤举义成功路，
锁定吾心敢胜前。

---

① 指在寻乌借用赣南脐橙大王的越野车。

57

七绝·小营情

(2018 年 9 月 22 日　下午到寻乌县深山考察山民生产与生活)

曲径通幽到小营①，

山泉土菜香满庭；

品尝天然百花蜜，

尽展山民朴素情。

---

① 小营是寻乌深山里一处只有三家人居住的小山村。当日到那里考察山民生活并享用那里的农家土菜，临走还受赠一大袋刚从树上采摘的无核蜜橘，充分展现了山民朴实无华的优良品质。

七律·登南海顶澎岛

(2018 年 9 月 21 日上午)

驱船飞奔顶澎岛，
十二海里矗航标；
岛上有房无居民，
来人全为瞧一瞧。
岛外有岛连理好，
岛内无树但有草；
海水挼蓝清见底，
祖国南海窥一角。

59

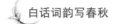

＃ 虞美人·刀笔生涯

（2018 年 9 月 12 日填写于昆明，
修改定稿于 2019 年 8 月 23 日）

生涯刀笔七十载，
跌宕歆荣歹。
难得门下诸多才，
从政经商执教竞出彩。

做人著述真为楷，
言语连心脉。
为国康泰保民安，
无论几多劳苦也开怀。

＃＃＃＃＃＃＃

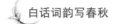

虞美人·刀笔生涯

（2018 年 9 月 12 日填写于昆明，
修改定稿于 2019 年 8 月 23 日）

生涯刀笔七十载，
跌宕歆荣歹。
难得门下诸多才，
从政经商执教竞出彩。

做人著述真为楷，
言语连心脉。
为国康泰保民安，
无论几多劳苦也开怀。

60

碧桃春·乐玩竹[①]

（2018 年 9 月 10 日　第 34 个教师节，在寓所小区花园内品味翠竹后反俗义随笔）

孟秋风起乐玩竹，
腔空皮不俗。
绿颜纯正翠生妒，
比肩万物殊。

竹满智，
我偏儒，
劣优任酋估。
竹园缝趣敧阑抒，
舒心和绿竹。

---

① 此作公开发表于 2018 年 9 月 24 日《中国社会科学报〈社科院专刊〉》第 4 版"词韵"专栏。

秋韵

(2018 年 9 月 9 日　白露刚过，因天气清爽而遂小记)

古诉逢秋悲寂寥，

我赞秋日香不销。

炎海一别全身爽，

犹堕幽谷尽逍遥。

62

山坡羊·恋孟秋

(2018 年 8 月 25 日　处暑后恰逢下雨遂随笔小记)

山高林漫，

烟轻云淡，

甘眠料峭秋风伴。

闭空调，

撂风扇，

告别酷暑烦心散。

眷恋孟秋多灿烂，

瞧，天更蓝。

看，粮满园。

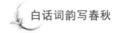

七绝·心志

(2018 年 8 月 23 日)

百花未寂水仍潺，
烟霏秋雨夜无眠。
壮心多盛①报国志，
不畏山陡路途艰。

---

① 盛，这里读 chéng。

鹧鸪天·希腊游踪

（2018 年 8 月 10~21 日　希腊游记）

希腊多岛乐留痕，

最嫌雅典景迷人。

先人文化沁哲韵，

远胜当今众伪云。

看维娜①，

比昭君②，

俊男靓女恋爱琴，

钟灵毓秀雅典娜③，

袅娜娉婷众美神。

---

① 维娜指罗马爱神维纳斯。

② 昭君指中国汉朝美女王昭君。

③ 雅典娜指希腊智慧女神即宙斯的女儿。

碧桃春·雅典唱晚

（2018 年 8 月 19 日　填写于希腊雅典）

卫城①山脚落霞飞，

蓝水②畔翠薇。

万民秋夜管笛吹，

舞狂邀梦归。

灯火处，

笑声诙，

珍馐美馔谁？

众神③雅典聚生辉，

酒酣助愿随。

---

①　指始建于公元前 580 年的希腊最杰出的古建筑群，位于雅典市中心卫城山丘上。

②　地中海水很深，因此呈深蓝色。

③　这里的所谓"众神"喻指古希腊宙斯、赫拉等以及参加此次希腊游各位同仁。

鹧鸪天·圣托里尼岛

（2018 年 8 月 15 日　入住
THE LAST SUN BEAN HOTEL 后小记）

悬崖旅馆一高台，
俯瞰尽览爱琴海。
庭前如镜泳池水，
山海连天蓝透白。

山无树，
草多衰，
入夜灯火贯山寨。
巷街驴道①人欢畅，
圣托里尼可再来？②

---

①　为招揽游客，当地专门修建了供人骑驴和马游览行走的顺穿街巷山道。

②　这个地区夏季干旱无雨，草木不生，但当地人勇于进行旅游文化景观与游乐项目创新，结果吸引了众多游客。入冬后，这里进入雨季，草变绿，山变青，虽然美景如画，但人们又多因气候阴冷而难得再来。

浪淘沙·米科诺斯游记

（2018 年 8 月 15 日　填写于希腊米科诺斯岛）

海水撞堤边，

热浪冲天，

神游米岛①汗湿衫。

幸有天给降物戟②，

得个凉闲。

遗憾炙温重现并翻番，

老天不做爽难还。

君问何时凉再现？

谁看都难！

———————

① 指米科诺斯岛。

② 刚好在最热时天降大雨，身边才有了一丝凉意，但转瞬即逝，接着仍是热流翻滚。

六言律·米科诺斯岛之夜

（2018 年 8 月 14 日　从雅典乘船到米科诺斯小镇，晚上入住
SAN ANTONIO SUMMERLAND，饭后落座阳台凉椅，
俯瞰小镇景色随笔）

一钩皎月高挂，
夜星天籁无暇。
游人顺穿街桠，
灯火辉映余霞。

车马人流交叉，
邮轮快艇候发。
虽无笑语欢歌，
仍见喧嚣旦达。

鹧鸪天·游扎金索斯岛

(2018 年 8 月 12 日　游希腊扎金索斯岛后琐记)

（一）

橄榄树稀驻山冈，

扎金环海透蓝光。

岸边盗艇①聚游客，

驴友沙滩浴太阳。

短艇串，

海鸥徉，

水天对影伞高扬。

众人登顶熔岩上，

鸟瞰崖下游技场。

---

① 入学校岸边停放的一艘上百年前被遗弃的废旧且破烂不堪的海盗船。

（二）

希腊海岛夏时长，
若逢无云热如汤。
庶民谋富赖奇想，
不惧山秃少草场。
顶红瓦，
筑白墙，
绿蓝街巷伴亭廊。
环海山顶如敷雪①，
特色云游凭特装。

---

① 为防晒，山上所有房子的屋顶也都涂了白漆。

鹧鸪天·戊戌立秋

（2018 年 8 月 7 日）

三伏过半盼立秋，
淅淅沥沥雨难筹。
众人期盼夏消去，
岂料闷热难回收。
芭蕉扇，
不得休，
滚滚汗水湿肩头。
今年又现秋来晚，
伏虎藤蒸人犯愁。

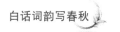

鹧鸪天·满目青山

（2018 年 7 月 22 日　清晨离开札幌在前往新千岁机场路上填写）

满目青山树成林，

蓝天碧水恋白云。

大巴载我穿高速，

远眺勤耕田里人。

大豆壮，

稻禾茵，

铁牛轰响竞耕耘。

勤劳全为收成好，

汗面湿衣苦变薪。

临江仙·乘高铁观光有感 I

（2018 年 7 月 17～19 日在日本乘 JR 列车自由
行观光随笔，同年 12 月 8 日出差成都期间修改定稿）

绿水青山如画屏，

村庄点点丛丛。

抬眼看去确平庸，

平房多见，

罕有过高层。

庭院整洁铺绿草，

鲜花林伴温馨，

村民互敬重德行。

油然起敬，

羡安乐人生。

渔家傲·乘高铁观光有感 II

（2018年7月17~19日乘日本JR高铁观光旅游，
同年12月7日出差成都期间修改补充完稿）

绿水青山一掠过，
烟云入眼归村落。
罕见高楼三五座，
庭院阔，
鲜花绿草馋飞鹤。

老少村民尊忘我，
助人到好方为乐。
互敬谦和邻少壑，
情愿做，
惟达此境国民赫。

临江仙·札幌—函馆行

（2018 年 7 月 17～19 日　乘日本 JR 列车观光旅游）

搭乘吉阿①函馆行，

东室蘭伊大情②。

大沼公园北五岭。

老白千岁，

苫小牧三城。

临海洞爷长万部，

铁龙洞穿仙蓬。

青山遮眼暮云浓。

隔窗远眺，

烟雨沁游翁。

---

① 这里是用音译 JR 列车的代号。
② 这里所填词语多为列车顺次通过的当地地名。

鹧鸪天·享定山溪温泉

（2018年7月16日　到札幌定山溪万世阁
米利奥奈酒店洗温泉后小记）

四面环山天荡云，

繁花绿树恋游人；

热汤浸泡矿疗享，

通体发热润肺心。

环境好，

水质真，

富含重盐现奇闻，

神经消化妇科病，

手脚冰凉皆祛痕。

77

渔家傲·盛夏初伏

（2018 年 7 月 14 日 填写于出游日本的飞机上）

盛夏初伏雷声伴，

高温如煮身充汗，

万众心烦多有怨。

待改善，

何还国民多期盼？

公知登高抬眼看，

远山近水云层断，

痛看好经成遗憾。

叹回首，

国强民富何时现？

78

踏莎行·农力新解

（2018 年 7 月 12 日　参加全国政协、中国经济社会
理事会混改调研组东航物流调研后在回京高铁上填写）

禾绿天蓝，

树青云幔，

凭阑高铁隔窗看。

远山近市绕眸旋，

不时又现无边苑。

条块连缘，

竖横搭畔，

产出低效非鲜见。

欲求农力有新升，

需推地改新规建。

临江仙·烟雨伴风

（2018年7月11～12日　参加全国政协、中国经济社会理事会混改调研组考察上海东方航空物流改革经验后随笔小记）

烟雨伴风雷滚动，

街巷车马低行。

调研为解栋梁情。

物流先混改，

试点看效能。

股份不吝民与我，

同道方济成功。

产权重组壮俊容。

深改激活力，

发展倡新生。

燕归梁·混改调研

（2018 年 7 月 10 日　参加全国政协、中国经济社会理事会混改调研组赴昆明实地考察白云制药混改经验并在震庄迎宾馆听取省政府有关部门和企业汇报讨论后随笔小记）

混改调研赴滇城，

重点问新经。

白云制药诸典型，

变公众、

纵连横。

产权再组、

强强混统、

推机制先行。

技术领先筑巅峰，

创新路、

笛长鸣。

木兰花·坐看世博园妙俏

（2018 年 7 月 9 日下午参加全国政协、中国经济社会
理事混改调研组考察世博园混改经验后小记，
7 月 11 日晨离开昆明前在宾馆修改定稿）

坐看世博园妙俏，

满目紫嫣齐岭绕。

罗汉树，野芭蕉，

显处漫生飞燕草。

热带百花多窈窕，

南域绿植鲜嫩傲。

公司混改嫁央资，

央地共营脱旧套。

撼庭秋·长春行

(2018 年 7 月 3 日　下午驱车去长春市净月潭路中偶遇
大雨，改参观吉林省博物院后到一座农家院与同学
一起共享农家小吃有感)

春城烟雨徒步，

净月丛林路。

铁锅烧烤，

山菇塔虎①，

菜青粥素。

金樽红酒，

佳肴美味，

飨酌无数。

伴心语欢颜，

涓丝缕缕，

尽潆兰处。

————————

①　塔虎：是蒙古语，意为胖头鱼。

江南柳·凝端远

（2018 年 7 月 2 日　在沈阳至长春的火车上）

凝端远，
山高路通天。
今古世人成就事，
不无规律可溯源，
识势创非凡。

清路障，
深改要承前。
民富国强高质量，
加强法制最关键，
鹏举壮河山。

清平乐·衣锦还乡

(2018 年 6 月 27 日　凌晨回想起当年回祖籍
省亲的一幕，感慨万千，遂提笔填词以记)

细雨晨降，
半岭春风漾。
游子归来心舒畅，
众友欢颜尽飨。

右舍左邻奔忙，
诗韵欢歌情扬。
各色瑶卮痛饮，
共勉康泰荣光。

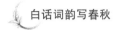

菩萨蛮·沪上遐想

（2018年6月26日　傍晚出差降落上海虹桥机场，下榻万豪酒店后随笔小记，次日晚修改定稿于回京飞机上）

才临傍晚虹桥落，

不期又作万豪客。

倚楼望江城，

夜如白昼明。

改革成果硕，

国泰平民乐。

遥想未来程，

更强凭后生。

端午颂

(2018 年 6 月 18 日　为回复同门弟子节日问候作)

端午中正倡，

艾叶吐清香；

角粽现刚直，

龙舟协力扬。

先人笃善方，

后生慎犹飨；

品行注心素，

民兴国富强。

七律·失眠夜

（2018 年 6 月 14 日 15：00 从荣成改乘开往北京的
高铁上整理成稿。文稿记录了前一天在机场静候近乎
一整天最终不得不半夜返回宾馆等待转乘高铁的烦躁心绪）

离京几日若经年，

子夜至卯难入眠。

榻中翻腾神无主，

厅堂卧坐若针毡。

更深未见笛声远，

掩耳仍听四五旋。

试裹长衾遮眼睡，

终如彻夜日中天。

寻山观雨

（2018年6月13日　早晨大雨滂沱，站在荣成华星宾馆A408
窗前远眺，浓云密雨几乎遮挡了所有视线，感慨随笔）

大雨傍海落寻山，
山上山下水连天；
波涛翻滚云压顶，
幽谷深潭雷声连。

连上连下连海滩，
连山连水连山泉；
连天连地连家园，
连虚连实连桑田。

89

航班延误有感

（2018 年 6 月 13 日　原本要乘坐 CA1828 航班回京，由于
　北京雷雨天气致使航班延误，机场却迟迟不宣布取消
　航班。在等待五个多小时后，查看北京雷雨情况，虽
　估计到半夜也难以复航，但不死心直至航站再次明确
　宣布延误后，才决定退票重回宾馆，改乘第二天的动
　车回京。在此心情下写下了这样一段文字）

天有不测误航班，

干坐机场大半天。

众客无奈办退票，

续办二次得加钱。

难！难！难！

西江月·观海格物

（2018 年 6 月 13 日　填写于威海机场）

江海波涛翻动，

庶民逐浪从行。

又见蓬雀绕长空，

欲搅云翻雾动。

确现群峰迭皱，

不免心绪千重。

世间格物理皆同，

悖律难圆幽梦。

91

满江红·怀远

（2018年6月12日　回望一生有感，
最终定稿于荣成华星宾馆）

落日熔金①，

云霞重，

童心翻动。

怀久远、

少年出塞②，

归来功乘。

屯垦戍边约六载，

更超卅岁圩年盛。

路迢迢、

荣辱伴平生，

达人径！

———————

① 借［宋］李清照《永遇乐·落日熔金》而用之。

② 1968年6月13日笔者从北京乘坐火车到黑龙江和平农场（根据毛泽东主席"6·18批示"同年改为黑龙江生产建设兵团四师35团）工程连工作，时任班长。

退休①好，

心尽静。

神如铁，

情笙磬。

事迁人未远，

但求完胜。

游宦生涯今再省，

起伏跌宕连天恸。

观沧海、

大志或仍然，

谁还梦？

---

① 2013年8月2日下午，中国社会科学院党组副书记在第一会议室召开研究生院处以上干部会议，正式宣布笔者离开院长岗位；同年12月31日正式办理退休手续。

七律·荣成小住

（2018 年 6 月 10 日　在荣成随笔）

千里海堤绕荣成，

玉翠兰湖跃葱茏。

横看滨城云一朵，

纵观南北似蛟龙。

百强大县多兴旺，

戎马铁戟我伴行。

走遍城乡人无老，

几辈抖擞尽英雄。

满江红·登顶恩施大峡谷

（2018 年 5 月 16 日草记，2018 年 10 月 1 日

修改定稿于北京寓所）

深谷幽兰，

悬崖畔、

雾浓云断。

山尽处、

紫嫣花漫，

碧溪潺颜。

万仞千峰巅可见，

绕山小路中天半。

望两相、

相欹爱承媟，

情无限。

登仙境，

多期盼。

蓦回首，

多缠恋。
满胸盛天道，
气轩情湛。
一路潇潇凭夙愿，
洒脱豪迈殊常伴。
归去耶，
盼我再登山，
重还愿！

鹧鸪天·良知心愫

(2018年5月6日　面对小知的虚狂和国运的坎坷，
不禁反思作为公知应有的天责后小记。此小记经同学
刘东教授指正后定稿)

人品亲和秉性恹，

良知心愫骨相由。

德学才智为国用，

箪瓢金玉①天道酬。

权慵觑，

利还留？

丹心碧血献神州。

慎独明辨足下路，

惟盼国兴民祛愁。

---

① 借北宋词人张昪有词《满江红》拆用。

七绝·登香山

（2018 年 5 月 6 日）

登顶香山鬼见愁，

雨中我身耐风揉。

刚直静看人间事，

笑洒神州信天游。

新牛颂

——贺华夏金融租赁创业满五岁随笔①

（2018 年 4 月 21 日凌晨写于昆明）

华夏起意自京谈，

租赁创业到云南；

四处奔波寻常事，

喜见伟业满五年。

起步虽小未畏难，

科管业激是本源；

志同道合闯天下，

当代新牛富耕田。

————————

① 转眼华夏金融租赁有限公司创业已经整整五年。五年间目睹了公司一队人马的开拓与坚守、奋斗与奔波并由此从小到大艰难成长和不断走向成功的发展过程，颇受启发，也多有感慨，遂随笔草草描摹以作小记。

回看人生

（2018 年 4 月 21 日　在昆明至北京航班上小记）

衣锦还乡近五年①，

忙忙碌碌不识闲；

国家民族心上事，

曾经恩怨弃脑边。

仕途九曲多羁绊，

尽职不惜汗湿衫；

昂首回望坎坷路，

谈笑畅饮度百年。

---

①　到 2018 年 8 月 2 日就正式离开领导岗位满五年了。回望过去，虽白天行政晚上科研、一身二任、劳苦一生，但仍深感所费心血并未白流，至今学术活动频繁且随处备受款待，心底颇感宽慰、自得，遂随笔小记。

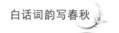

七绝·微风细雨浸京华

（2018年4月21日下午出首都国际机场后恰逢春雨散落，
远看京城鲜花绿柳生机盎然，宾朋相聚，随笔小记，
同年11月18日改定）

微风细雨浸京华，

绿树春芽满苑花；

同门欢心迎远客，

宾朋聚首试新茶。

留殇

（2018 年 4 月 20 日　早晨站在昆明金鹰广场酒店高层飘窗前俯瞰城市街区有感）

高楼林立入云层，
地面无处布草坪；
当今能人所做事，
不及先贤洞人情。

七绝·自在小楼

（2018年4月20日傍晚）

迷倪小院绿草发，
后亭墙围夕阳斜；
淡见天下好歹事，
自在小楼成一家。

103

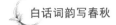

苏幕遮·滇池美^①

（2018 年 4 月 20 日晚填写于昆明）

碧波清，山影翠，

雨后斜阳，

拂面游人醉。

湖岸年年扬细蕊，

动漫滇池，

寒热恒生魅。

绕池行，观皱水，

漫步抬暄，

满眼烟波菲。

锣鼓喧嚣街舞美，

笑语欢歌，

盛世康年味。

---

① 此作公开发表于《云南日报》2019 年 2 月 15 日第 7 版。

远望富士山

（2018年2月22日冒雨从车站搭乘大巴专程去河口湖，却因雨雾交融未能看到富士山。2018年2月28日上午乘日本JR高铁回东京途中，在列车左侧远看壮观的富士山长达6分钟之久，遂随笔小记）

乘车赶至河口湖，

雾中难见富士图；

搭坐红标游览车，

绕行湖水仍遮雾。

他日离开东京都，

高铁穿过富士土；

山头覆盖皑皑雪，

美景远胜河口湖。

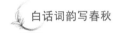

游古都奈良东大寺

（2018 年 2 月 25 日　游日本奈良东大寺、
春日大社、奈良公园小记）

东大寺，名不虚，

梅花鹿，群相居；

行人过，会行礼，

性拙憨，求飨取；

说没有，似知理，

不纠缠，遥相觑。

七绝·游东京记

(2018 年 2 月 22 日　写于东京)

乌鸦①本是悲者相，
却在日本自由翔。
大声鸣唱哇哇哇，
犹现国民心裕华。

---

①　自公元前 600 多年日本第一代天皇——神武天皇因天神所派一只三脚乌鸦的武术指导而顺利建立王朝起，日本人就尊崇乌鸦（八咫鸦）为"立国神兽"、国鸟。

古埃及三绝

（2018年2月15日　埃及归来小记）

金字塔

胡夫金字塔高立①，
巨石堆砌确有序；
基方角正入云际，
单乘十亿太阳距。

神　柱

庞贝神柱埃及人，
罗马意志融柱心；
石柱一根四百吨，
矗立高耸城之樽。

神　庙

诸多神庙座连座，
沙埋千年不变色；
象形文字尽涂抹，
太阳智慧诸神佐。

---

① 这是高度达147米的埃及最高的金字塔。

108

尼罗河美

（埃及归来，隔日于2018年2月13日晚小记）

延绵千里尼罗河，
穿越撒哈拉大漠；
连接上下古埃及，
助力法老塔下卧；
临水尽现葱绿色，
椰枣林下有村落；
浩浩荡荡直向北，
开罗繁美欹尼罗。

尼罗河四日行

(2018 年 2 月 1～4 日随团乘坐阿斯旺起程的游轮出游，
回京后于 2018 年 2 月 13 日夜根据当时所见所闻追记)

尼罗河水绿透蓝，
天水合一连田园；
游船隆隆过大坝，
商民售抛①一景观。

两岸椰枣树成荫，
成片蔗田高没人；
稀疏村落尤可见，
炼油浓烟黑沉沉。

沿途观瞻古神庙，
老鹰鳄鱼曾若神；
法老千年率天地，
古代埃及多胜今。

---

① 当地居民站在河堤上把自己制作的工艺织品抛到游轮甲板上，
任由喜欢的游客挑选。看中的，只要付很少一点钱就可以完成交易。如
果没有人喜欢，再把抛上来的工艺织品抛回河堤即可。

小重山·陵水湾远眺①

（2018 年 1 月 27 日　于海南陵水湾小记）

陵水湾西日卧山，
落霞如血染、
映中天。
涛筹海浪注沙滩，
破沙坝、
冲扫复平川。

远眺竞风帆，
渔翁收海网、
满舱还。
船行灯戴过庭前，
丰收语、
欢笑贯椰田。

---

① 此作公开发表于 2019 年 12 月 13 日《中国社会科学报〈社科院专刊〉》第 4 版"词韵"专栏。

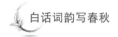
看电影《芳华》后有感

(2017 年 12 月 27 日晨记)

善为命根，
勤为生本，
身心健康，
快乐终身。

重庆永川行

（2017年11月20日　从重庆大学城市技术学院回京路上小记）

雨蒙蒙看崇山峻岭，

雾腾腾观大川苍松。

穿山洞望长龙延展，

行大道若平原畅行。

113

七绝·中秋三首

（2017 年 10 月 4 日　修改定稿）

（一）

遥看皓月挂天缘，
漫步长堤渡桥边。
伊人粉黛黄昏梦，
舟头水映年复年。

（二）

中秋国庆双节连，
梦在轩窗灯火前。
别等风华春殆尽，
珍惜当下正当年。

（三）

人间共明月中天，
斜阳雁去又经年。
此生今夜相长好，
莫待秋风送客船。

七绝·故里

（2017 年 5 月 5 日）

易逝年华盼复归，
枕边泪湿肌肤味。
天涯海角风尘客，
悲悲切切应为谁？

安仁赞

（2017 年 3 月 9 日　到湖南安仁县
观油菜花海和炎帝庙后随笔）

油菜花如海，香飘倚丹霞；
稻稻油三种，富了农民家。
炎帝神农氏，百草细侦查；
功德传千秋，安仁辅天下。

借九华山人与物自画

（2017年2月26日）

月身①静对风和水，

一生常笑徽与龟。

两手轻抚三尺剑，

九九至尊真善美。

———————

① 按九华山佛教解释此指肉身。

七绝·尼罗河船上

（2017 年 2 月 3 日　随团埃及游散记）

游至红海驻天末，

联步遥看夕阳色。

登舟望远弯月清，

吾辈一行众人贺。

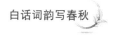

金边

（2016 年 12 月 12 日　参观柬埔寨金边文化古迹后随笔）

金边皇宫多辉煌，

处处鎏金显白光；

塔紫山上绿成荫，

小村环抱更时尚。

身临吴哥看大小，

工程辉煌比敦煌；

本地无山筑用石，

河道大象连海洋。

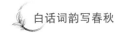

登武当山金顶

(2016 年 8 月 31 日　登武当山随景小记)

秋高气爽登武当，

海拔千六至云上；

九百台阶踩脚下，

金顶一览万仞梁。

对看高耸狮子峰，

回望挺拔一炷香；

穿门进入转运堂，

跨卅级踏绕铜墙。

千余先神万圣阁，

二龙戏珠御金榜；

六品以上南天门，

六朝皇帝遣颂章。

官灵大王善尽扬，

遥见太极湖丹江；

金顶神灯六百年，

金殿化石做栏梁。
后山平台父母殿,
忠孝仁义国魂畅;
下山路见乌冈栎,
风吹叶动枝不晃。
但见辉煌皇经堂,
白玉京中有阴阳;
生天立地闪甲光,
贵宾楼前品茶香。

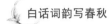

迎面乾坤浩然风

(2016 年 8 月 20 日　中技论坛公司为祝贺我生日
写来一首藏头诗。我以为诗写得很好，只是一眼
即可看清其藏头所在，遂改写为此)

迎面乾坤浩然风，

春秋甲子等闲中；

百尺高屋观沧海，

九笔图远斥峥嵘；

竞香人杏桃争艳，

把筹士梅核李雄；

颐和锦盒①绣眷天，

下笔帷幄首尊公。

———————

①　特指该公司生产的一种主要在颐和园营销的一种"伴手礼"
品牌产品。

七绝·抚仙湖眺望

（2016年6月12日　上午缪怀宇部下赵红亮陪同
游览抚仙湖并在那里用餐小记）

烟雨抚仙湖水清，

遥看孤山入苍穹；

石锅嘎鱼菌相拌，

油炒猫眼置席中。

123

木兰词·威海新城

（2016 年 6 月 9 日应威海市委组织部和工商联邀请，给
"双百青年骨干"培训班作"国民高质量发展下民营企业
转型升级与国际化"报告后，6 月 10 日由工商联党组书记
陈文陪同参观考察正在开发建设的威海新城后有感）

黄海西北千千顷，

湖面皱波伴绿丛。

高楼大厦附台亭，

威海东南一盛景。

海湖连路街无缝，

科创物流均有径。

谦谦学子创新人，

异月日新皆俊雄！

平看桂林

（2016 年 6 月 4 日　清晨在桂林理工大学博文
管理学院招待所 11 层阳台眺望桂林山水随笔）

平看桂林山水，

葱郁烟雨绿林；

雾中驼峰隐现，

浩瀚江山丽人。

雁山园①写真图

（2016年6月4日　上午，桂林雨中游雁山园，
借用园中各种景观实物名称随景而记）

平沙日月看落雁，

远看如椅是两山；

龙道延绵飞来河，

流水九曲一张案；

重阳木粗枝叶繁，

太极湖水映泰安；

公子②小姐③二楼对，

俯瞰八卦雁山园；

小鱼有乐潜河玩，

大象无形歌对田；

金蟾望月福寿长，

状元庭侧乳石连；

---

① 史称"两广总督花园"。

② 古人晋羽西所说"公子楼"。

③ 当代大文豪郭沫若所说"小姐楼"。

酒龙涎水荡千年，
神樟晓得错不瞒；
红豆小馆丹桂美，
神龟金色洞相缠；
秋宵睡足芭蕉雨，
恰似江湖入梦园。

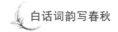

官房侧南湖游记

（2016 年 5 月 25 日　清晨受统战部委托到云南调研，
是日雨中在红河官房大酒店小记）

蒙自市中有南湖，

湖心坐落览胜庐；

四面环水百万景，

我羡哈彝真幸福。

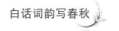

七绝·翠湖吟

（2015 年 4 月 20 日　傍晚在昆明翠湖散步至卫东桥有感）

桥下荷花桥上人，

湖心垂丝湖畔云；

园林幽处多歌舞，

碧水连天度天伦。

俯瞰帝尧神居山

(2015年2月2日　上午在扬州高邮送桥镇出席杨文喜副市长
主持的湖西高宝邵生态农业文化园座谈会并作主旨发言,
下午登神居山,环顾四周琐记)

帝尧①出生神居山,

火山熔岩亿年前;

刘胥②杨门③悟空寺④,

取石峰顶成水潭⑤。

生态农业文化园,

一二三产共发展;

———————

① 传说中的三皇五帝之尧帝。

② 公元前117年武帝以广陵郡部分地置广陵国,封其子刘胥为广
陵王。

③ 特指出生在此地的宋代杨门女将穆桂英。

④ 复原仿古建筑,目前仍处重建过程。

⑤ 据镇政府领导顾吉林、张安军等介绍,此水潭原为刘胥墓葬之
地,只因当地居民长年开凿取石,如今已变成一个大水潭。此处水潭虽
然壮观,但其中却充满了无限的遗憾。

古银杏枝虬叶茂^①，
术业专精敢为先^②。

---

① 古悟空寺西侧、刘胥墓地旁生长的千年银杏树苍劲挺拔、枝叶繁茂，给所有游人留下了无限遐想。

② 这里虽是农业产区，但路灯灯具产量占全国的 1/4，路灯灯杆产量占全国的 70%，太阳能发电设备产出量同样规模巨大，专业化生产集聚集中特色十分突出，值得弘扬。

披雪查济

(2015年2月1日 早晨离开泾县前往扬州高邮
生态农业文化园，路上顺访元代古城查济有感)

清晨查济在雪中[①]，
上天[②]眷我不虚行；
北京虽冷冬无雪[③]，
此处青山白蒙蒙[④]。
披雪步入元古城[⑤]，
一条甬道贯始终[⑥]；
水绕庭院霜覆顶[⑦]，
十万人家留美名。

---

① 这一天凌晨泾县大雪，查济亦被白雪覆盖。

② "春为苍天，夏为昊天，秋为旻天，冬为上天"，引自《尔雅·释天》。

③ 入冬以来北京始终未下雪，雪成了人们的一种企盼。

④ 山上松柏、绿竹、青草、灌木上面均布满了白雪。

⑤ 查济村始建于隋初，兴于宋元，鼎盛于明清。

⑥ 此处甬道是一条贯穿整个村庄的重要干道，是支撑村民生产与生活的行车与运货要道。

⑦ 村庄里家家户户屋顶上都布满了皑皑白雪，令整个村落景观立体化形态凸显。

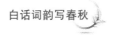

雾驻①桃花潭

（2015 年 2 月 1 日　离开泾县前往扬州市高邮，途中过
桃花潭镇时赏李白诗《赠汪伦》，后冒雪驱车绕
太平湖、过九华山和铜陵回合肥再前往扬州）

桃花潭边观古城②，

斜看李白赠县令③；

文人墨客多君子④，

琴棋书画入仙境。

告别爰陵⑤赴扬州，

取径庐阳⑥绕太平⑦；

———————

①　特指在薄雾中欣赏与享受桃花潭之仙境。

②　这里指古渡镇。

③　桃花潭渡口旁边有一组雕塑，刻画了李白与时任县令对话情境
并附李白《赠汪伦》诗。

④　开发商在此处为韩美林、冯骥才等四君子修建了展览馆和别墅
工作室。

⑤　宣城的旧称，南宋乾道二年（1166 年）曾改名宁国府。

⑥　意指先要驱车回合肥，因扬州高邮的王总已经在那里等候了。

⑦　绕太平湖沿山路驱车缓缓而行之境。

九华铜都①转瞬过，
笑伴飞雪②踏歌行。

---

① 驱车路过九华山和铜陵而无暇停车一考。
② 到下午天上还飘着雪花，伴随我们驱车前往扬州。

泾县宣纸考

（2015 年 1 月 31 日　由蕴宝斋董事长张春环陪同，
从合肥驱车到泾县考察宣纸生产工艺后记）

甲午腊月①别北京，
追雪②下榻庐阳城③；
古宣千年考问是，
驱车数百泾县行。

檀皮稻草多晒洗，
净皮棉料均上乘；
百余工序浸血汗，
世代相传有专攻。

----

① 时值甲午年腊月十一（2015 年 1 月 30 日）上午 10 点从北京乘坐高铁去合肥。

② 深冬的北京始终无雪，南方却在下大雪。由北南下，大有追雪而行之感。

③ 明代合肥的别称。

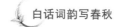

登黄山天都峰

（2009 年 7 月 21 日　上午登黄山天都峰小记）

（一）

爬高千米伫巅峰，
远望玉屏[1]卧云中；
环顾八周峦如柱，
入眼最恋迎客松。

（二）

天都峰高若垂天，
脊刃平处半尺宽；
颤立雾伴观沧海，
风光揽尽在黄山。

① 指建在对面山顶的玉屏楼宾馆。

诉衷情·重回呼伦贝尔

(2007 年 7 月 20～26 日　陪同中国社会科学院学部委员
考察团到呼伦贝尔作经济社会考察。阔别这里十一年，
看到其发生的巨大变化，心潮澎湃，遂提笔写意，以抒情怀)

九五挂职在呼盟①，
促改大环境②。
伴团③重返故地，
望远山，
观苍穹④。

---

①　1995 年 11 月 15 日至 1996 年 12 月 31 日，笔者在呼伦贝尔盟挂职副盟长，协助时任盟委书记刘玉祥等主抓改革开放和联系满洲里工作。

②　这一年呼伦贝尔在盟委号召与组织下，开展了全盟"开放环境大讨论"。笔者积极投身于这一讨论，并有力地促进和推动了呼伦贝尔盟的改革开放和经济社会发展。在这一过程中，由笔者亲自主持创办了由盟行政公署投资建立的首家"海拉尔证券营业部"。

③　2007 年 7 月 20～26 日陪同中国社会科学院学部委员赴呼伦贝尔考察团，先后考察了笔者曾工作和视察过的满洲里市、陈巴尔虎旗、海拉尔市、额尔古纳市、根河市、红花尔基林业基地以及伊敏电厂，此间笔者还应邀考察了牙克石市。

④　只有到了呼伦贝尔，亲自站在大草原上观赏蓝天，才能真正理解和感悟"苍穹"这个词的本义。

林涛重，

百鸟鸣，

万业兴。

路山园棚，

河湖楼亭，

换了颜容。

望江南·登东方第一哨

（2006 年 8 月 31 日　凌晨，驱车到乌苏里东极，
登上东方第一哨所瞭望塔，看到江对面日出和
逐渐显露的俄罗斯抓吉山后随笔小记）

天未晓，
座驾过山腰。
绕过绿林和水泡①，
中经砂道路一条，
登塔向东瞧。

乌苏里，
江面雾轻缭。
日露东山霞满地，
确为抓吉第一朝。
曾属我疆袍②！

---

①　东北话，指通常所说的沼泽。

②　这里用"疆袍"代指 17 世纪前远东地区乃至整个西伯利亚都
曾属于中国，其中黑龙江北面的海兰泡地区、乌苏里江东面的双城子地
区更是如同暖袍一样本属中国领土。

七言乐府·游抚远①

（2006 年 8 月 31 日　凌晨，在抚远记）

岁月如水知青梦，
弹指回眸抚远行②；
宕荡浩气坎坷路，
刻骨铭心三江情。
黍豆稻海夺涛声③，
遥看无垠至边城；
沼塔湿地连绿树④，

---

①　佳木斯市委、市政府多次邀请笔者去该市讲学，只因时间冲突和脱不开身而未能成行，拖至今日。虽然由笔者主持的省院合作浙江经验研究项目已到最后修改定稿阶段，但仍很难脱身，但笔者的学生、市民革副主委杨秀茹受市委、市政府之托再三恳请，遂下定决心，挤时间去一趟，以飨当年之艰难和还愿第二故乡。

②　笔者于 1968 年 6 月 13 日从北京支边到黑龙江和平农场（后改称黑龙江生产建设兵团四师 35 团），次年 3 月 5 日转战建三江，开发建设 62 团 6 连。至今，整整过去 38 年，恰为一弹指。

③　从佳木斯到抚远近 400 千米，一路两侧全是玉米、大豆、水稻，绿浪翻滚犹如松花江、黑龙江、乌苏里江江浪。

④　抚远湿地里的草、草塔以及周边的原始野生杨树和桦树，连成一片。

抓吉山雾伴水腾①。

凌晨穿山迎寒风②,

东极近看满天星③;

北疆乌苏第一镇④,

日出江水胜火红⑤。

---

① 中国东方第一哨所在离抚远市60千米的三江汇合处、乌苏里江边,与乌苏镇相伴。镇上只一两户人家,江对面一座山叫抓吉山。凌晨4点多水雾腾空,特别壮观。

② 此时虽是初秋,抚远地区的凌晨气温已经降至不足10℃,颇为寒凉。

③ 与北京相比,东极乌苏镇上空的星斗格外多、特别亮。

④ 因为抚远地处祖国最东边,乌苏镇又是地处抚远最东边,故称"东极"。这里也是在中国能够最早看到太阳升起的地方。

⑤ 日出时江水、雾水相互交融,呈现出火一样的喷薄景观。

新小汤山医院赞歌①

(2003 年 5 月 22 日)

(一场突如其来虽无硝烟却极为残酷的"战争"席卷了我国部分地区，特别是北京，"非典"突发之势，更让人胆寒。病魔在肆虐，人们在抗争。几天之内，新小汤山医院拔地而起并投入使用，是人民不可战胜、中国不可战胜的又一标牌与丰碑。新小汤山医院的迅速建成与成功启用告诉我们，在这场"战争"中，我们的人民必胜，我们的伟大中国必胜)

"非典"肆虐太猖狂，

不告来由便登场。

伤民害众殃世事，

人间善恶大较量。

军民上下齐动员，

誓与病魔一死战。

① 2003 年初春全国暴发"非典"期间，看到小汤山医院迅速建成并投入使用，感慨之心油然而生，遂提笔作此小诗。成文后送给《中国社会科学院院报》，很快予以公开发表。

八天建成新医院，
已现今人定胜天。

白衣战士是天使，
不辱使命敢当先。
夜以继日抗非典，
一代英豪谱新篇。

科学定能胜邪恶，
众志成城写河山。
不畏"非典"不让步，
笑傲神州尽开颜。

诉衷情·游子

（1996 年 10 月 1 日晚　仿欧阳修《诉衷情·眉意》
韵律，填写于呼伦贝尔盟宾馆）

天涯倦客醉凭栏，

梦里见琼园。

依稀又是秋暮，

碧桂下，

小楼前。

魂魄黯，

菊花残。

更无眠。

一声啼断，

冷月西山，

独立霜天。

七律·岭上行①

——呼伦贝尔东三旗市考察沿途记

（1996年5月31日晚写于海拉尔市呼伦贝尔宾馆）

上行②满眼达子香③，

返时④稠李⑤覆山冈；

岭西⑥野草初放绿，

岭东⑦碧树已成行。

巍巍兴安贯南北，

---

① 此为笔者在呼伦贝尔盟挂职副盟长期间，1996年5月21～31日驱车从海拉尔出发到所辖扎兰屯市、阿荣旗和莫利达瓦旗考察后所作小诗。

② 上行，指笔者1996年5月21日驱车顺301国道爬山越岭直奔扎兰屯市的行程特点。

③ 达子香，一种生于松树林边、花呈粉红色的木本多年生灌木植物，每年5月中旬后期开始开放。

④ 返时，指笔者完成东部三旗市考察后返回盟府的5月31日。

⑤ 稠李，指稠李子，一种生于大兴安岭林缘地带、花呈白色的木本多年生灌木类植物，每年5月下旬开放。

⑥ 指大兴安岭以西地区。

⑦ 指大兴安岭以东地区。

草原林海相依傍；

国土二五百亿方^①，

呼伦贝尔蕴宝藏。

---

① 指呼伦贝尔盟所辖地区国土面积为 25.3 万平方千米（2530 亿平方米）。

附　录

1. 2002 年 2 月 13 日在美国密歇根大学举行的中国文化节活动期间，会见了匹兹堡大学教授托马斯·G. 罗斯基（Thomas G. Rawski），同时还题写了一副横批为"访问学者"春联：

"万里学海渡志士，

千仞书山养仙人。"

2. 著名企业家、中国社会科学院研究生院法学博士、我的好朋友冯仑及其他诸友经常发来他们的自作诗联，引起了我极大回复兴趣。以下选摘部分回复：

（1）2012 年 1 月 1 日 14：30 我以"《过年》和冯仑的《日子》"为题回复：

"过年当是过年不管是新年春节轮番过；

享受原本享受并非得高级时尚讲排场。"

（冯仑 2011 年 12 月 28 日 16：20 发给我的对联《日子》：〔新年将近，送副对联贴手机上，一笑如晤〕"日子就是日子原无论圣诞元旦接踵来；快乐原本快乐且不说成败是非转头去。"）

（2）2012 年 1 月为中国社会科学院春节团拜而写一副春联：

"三十三年发展旧事新事事事浩然正气；

三百多日艰辛①学府良乡处处傲气方刚。"

（3）2013 年 8 月 24 日 16：40 接到冯仑发来的诗联，两个月后给他的回复：

"一直想和你一联，终未成。现再试之，看妥否：

天道有定势，规律不可移；成败本已明，处之装愕。

英雄把酒论，荣辱问苍穹；是非当然事，一介书生。"

―――――――――

① 指学校于 2011 年 1 月 10 日从望京校区搬迁到良乡校区开始正式办公与教学后累计的 300 多天，此间遇到了供暖、供水、餐饮、交通等诸多困难和问题。

（冯仑于 2013 年 6 月 12 日 23：40 发给我的诗联：出差在纽约，遭遇端午，无粽可食，且凑一联，遥相寄，乐相随。"天问千年后，成败早定局；是非仍难断，一声叹息。冤沉百代前，枯荣迟与议；曲直却流传，三生有幸。"）

（4）2013 年 9 月 19 日 22：00 我为于述强博士发来的《无题》诗而作回复：

"月圆重现八年前，此间吹箫更缠绵；

君子之交淡如水，莫忘红尘在今天。"

（2013 年 9 月 19 日晚于述强发给我的《无题》诗："苍峰云栈路迢迢，独坐溪亭弄玉箫。月上南山秋正半，红尘暂忘自逍遥。"）

（5）2014 年 1 月 31 日回复冯仑的新春对联：

"感谢年又来年岁岁年年年年岁岁送温暖；

怕见岁还想岁年年岁岁岁岁年年拉洋片。"

（2014 年 1 月 31 日冯仑发来的短信和春联：[今冬无雪，霾多了只觉着暖，就想过年，于是写副春联，应个景]"过了年还是年多少是非成败都随光阴去了；辞完岁又见岁忽然姹紫嫣红全说春天来啦。")

（6）2014 年 6 月 3 日半夜接到冯仑发来短信和对联，凌晨 1：19 我尽心思考后以《甲午端午》回复：

"比伍佰轮回喻帝王万岁归其全是粪土；

堆终生梦想谋永世灵光落袋才通金重。"

（2014 年 6 月 3 日半夜冯仑来信：[驾云返国，落回帝京，恰逢端午。睹雾吸霾，商事国事，感慨良多，吟成一联，系为一粽，与君分享]"贪半生荣华图一死不朽是非从此分明；拜将相救国赴疆场捐躯成败原来皆空。")

（7）2015 年 2 月 18 日即除夕夜接到冯仑传来的春联后以《岁月人生》联回复：

"岁月不饶人人去人来又人往；

人生转瞬事事多事少事是事。"

（2015 年 2 月 18 日冯仑来信说：[年三十儿起来写春联，送给你，贴门上，也贴手机上，哈哈］"岁月应有年年去年来终须过；人生得尽欢欢歌歌哭哭任从容。"

（8）2015 年 2 月 19 日早晨收到谢远学发来的拜年诗《春意》后，6：25 回复《京城春早》一首：

"乙未戊寅春来早，

蓝天白云伴青草。

借问京城为何空？

只因众人往南跑①。"

（2015 年 2 月 19 日早晨收到的谢远学发来的拜年诗《春意》："早春二月气如虹，爆竹一声此间同。借问春意为谁醉？万般人间舞东风。"）

（9）2007 年 3 月 5 日给时任新疆维吾尔自治区主席助理靳诺的回复：

---

① 这一年春节北京市大街上的人迹明显减少，但凡有条件又怕雾霾的人，大都跑到南方去了。

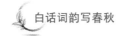
"贺丁亥元宵节①

丁亥十五，万户欢娱烛长明；

瑞雪盖地②，满园喜气荡春风。

飘洒润声，处处莺歌享圆月；③

元宵美味，弦箫鼓磬好年景。"

（10）2007 年元宵节给其他同学和朋友的回复：

"丁亥大年，玉烛长明万户欢；

瑞雪昼夜，生气盎然春满园。

烂漫灯花，处处笙歌伴朗月；

良宵美景，弦箫鼓鸣迎丰年。"

---

① 这是在接到众多好友来的祝贺元宵节的短信后笔者回复给新疆维吾尔自治区主席助理靳诺（原教育部社政司司长）的以诗作贺的短信。

② 2007 年 3 月 2 日晚上开始下小雨，到后半夜转下雪。直到 3 日小雪还在下。这一天是正月十五元宵节。

③ 直到正月十五中午小雨还在下，但后来就只是阴天了。晚上六点半孩子们开始放鞭炮。大约七点半圆圆的大月亮出来了。

152